VINDEX

Assez de Scandales et de Diableries !

LA CLEF DE TOUT CELA

I. — **Histoires machinées** : Grand Complot. — Affaire Dreyfus. — Affaire du Panama. — Antisémitisme. — Boulangisme. — Affaire Wilson. — Affaire Turpin ou de la Mélinite, etc., etc.

II. — **Désordres et attentats fomentés** : Grèves. — Coups de dynamite. — Fort Chabrol. — Violations et sacs d'églises, etc.

III. — **Faits amplifiés et travestis** : Le précieux Tonkin. — Madagascar. — L'affaire de Kiel. — Fachoda. — Massacre de Damangar, etc., etc.

I

Ce que l'on se propose dans le livre —
Défilé chronologique des choses, comment elles s'emboîtent
(Histoire de quinze ans)

PRIX : 25 CENTIMES

PARIS
CHEZ TOUS LES LIBRAIRES
1899

Assez de Scandales et de Diableries !

PRÉAMBULE
Ce que l'on se propose dans le livre.

Vraiment oui, en voilà assez, en voilà même beaucoup trop, de scandales, ne fût-ce qu'avec cette horrible *Affaire Dreyfus*, qui a compté tant de phases, d'où sont sorties tant d'histoires collatérales, l'*Affaire Esterhazy*, l'*Affaire Zola*, l'*Affaire Picquart*, l'*Incident Henry*, l'*Affaire Henry-Reinach*, l'*Affaire du Paty de Clam*, toute cette *procédure de Revision* à la colossale et vaine enquête, et ce *Procès de Rennes* aux trente audiences, qui, bien qu'heureusement terminé par une nouvelle condamnation du traître, n'a pas cependant clos l'*Affaire*, puisque les meneurs, sitôt le nouveau verdict rendu, ont déclaré vouloir *continuer la lutte*, et en effet la continuent sous trente-six formes !... Or, de tout cela, chez nous, depuis deux pleines années, l'on déjeune et l'on dîne, et ceux qui ont coutume de souper en soupent aussi, de façon obligatoire !...

Concurremment, d'ailleurs, il y a eu autre chose, qui ne vaut pas mieux, ou guère, et dont il a fallu, dont il faut déjeuner et dîner de même : il y a eu, il y a l'*Antisémitisme*, collé au Dreyfusisme comme le lierre est collé au mur ou à l'arbre, et qui, n'arrivant pas à agiter suffisamment la métropole, s'est jeté sur l'Algérie, où il se rattrape ; il y a eu encore la fameuse *résistance* ou le fameux *Siège du Fort-Chabrol*, joviale dépendance de l'Antisémitisme, farce prolongée pendant six semaines par une double collection de pince-sans-rire, au grand émoi de la bonne province, au sérieux détriment de tout un quartier parisien; il y a eu, il y a toujours le grand *Complot* soi-disant *anti-républicain ;* il y a eu encore la grande *Grève du Creusot*, que complétaient et enflaient d'autres grèves annexes, et le *drame du Soudan* par dessus le marché!

Avant tout ceci, avant l'Affaire Dreyfus et tout ce qui lui sert d'escorte comme des satellites à une grande planète, il y eut, traînant aussi l'Antisémitisme dans son tourbillon, ce scandale également de première grandeur, dénommé *Affaire du Panama*, qui cinq années durant, moins quelques courtes intermittences, fit son écœurant tapage, et, pendant ses dix premiers mois, égala presque sous ce rapport son cadet le Dreyfusisme.

Antérieurement encore, toujours comme esclandre *di primo cartello*, je rencontre ce fringant *Boulangisme* qui, de 1886 à 1889, entre la célèbre *revue*, passée sur le *beau cheval noir*, et l'*hégyre*, ou *fuite à Bruxelles*, secoua le pays fort convenablement.

Le moyen, enfin, en cette énumération sommaire, d'omettre l'*Affaire Wilson*, cousine germaine, évidemment, ou même sœur aînée, en tout cas modèle du Panamisme, qui nous scandalisa pendant sept ou huit mois de 1886-1887, naissant un peu avant que n'eût surgi le Boulangisme, sévissant ferme tandis que le Boulangisme naissait!

Il n'y a pas eu que les grosses machines ci-dessus mentionnées, il y en a eu dix à douze autres analogues, de moyen ou de petit calibre, l'*Affaire Turpin* ou de la *Mélinite*, l'*Affaire de Châteauvilain*, par exemple.

Il n'y a pas eu, même, que des histoires plus ou moins machinées, il y a eu aussi des faits, de simples faits, happés au passage, arrangés, amplifiés, travestis, parce que, remaniés de la sorte, ils pouvaient concourir au même but que le reste. Dans cette catégorie je place un beau lot de *Grèves*, pas mal de *Coups de dynamite*, des *Expéditions coloniales* laborieuses, notamment *celle du Tonkin* et *celle de Madagascar*, des actes de politique étrangère comme l'*Envoi de marins à Kiel*, des accidents douloureux, *Fachoda*, le *drame du Soudan*, enfin des événements tout à fait extérieurs comme les *Massacres d'Arménie* et la *Guerre gréco-turque*; avec tout quoi furent menés successivement d'exemplaires tintamarres.

De tout cela, couronné par le Dreyfusisme, le Complot mis à part, et du Dreyfusisme en particulier, oui, certes, on peut commencer chez nous à avoir des nausées!... C'est pourquoi les meilleurs d'entre nos honnêtes gens, depuis assez longtemps déjà et de façon plus ou moins haute, murmurent : *Assez de scandales!...* Ils auraient bien voulu que cette Affaire Dreyfus prît fin avec le verdict du second conseil de guerre! ils voudraient bien, en outre, qu'elle fût la dernière du genre!

Double souhait, certes, fort légitime! D'autant plus que toutes ces histoires de grand, de moyen ou de petit calibre, que tous ces faits grossis, défigurés et devenus thèmes à chahut tapageur, nous ont ahuris ou nous ahurissent, nous ont enfiévrés ou nous enfièvrent, de façon inquiétante, nous ont divisés, nous divisent lamentablement, nous ont décriés et nous décrient au dehors, par surcroît, on ne peut davantage, nous faisant passer, auprès de nos amis comme de nos ennemis étrangers, pour des gens perdus de corruption, ou pour des fous bons à lier, en tout cas pour un peuple sur lequel il n'y a plus à faire fonds, avec lequel il n'y a plus à se gêner d'aucune manière.

Oui, très naturel et très légitime, c'est manifeste, le double souhait énoncé ci-dessus! Comment se fait-il que quelques-uns seulement, jusqu'ici, aient osé ou osent crier : Assez de scandales!... comment se fait-il que ce cri ne soit pas déjà devenu clameur universelle et formidable?...

Ce n'est point, ou ce n'est pas uniquement parce qu'il existe chez nous des indifférents que rien n'émeut et des timorés que tout retient, qui ont peur d'élever la voix en toute occurrence : c'est surtout parce que la grande majorité ne comprend pas, et se bute, ici, à un petit problème. Des scandales, oui, à coup sûr, nous voudrions qu'il ne s'en produisît plus, objectent des gens qui sont légion, mais comment les empêcher de se produire?... Est-ce qu'on est maître du cyclone, de l'orage, de la grêle, de la simple pluie? On ne gouverne pas les forces de la nature; on ne peut pas dire : assez de pluie ou de grêle ! assez d'orage ! assez d'un fléau quelconque ! dès lors, et pas davantage, on ne peut dire : assez de scandales !

De quoi l'on pourrait convenir, si tout ce qui nous jugule, nous attriste, nous inquiète, nous révolte, nous met en rage, nous calomnie auprès des nations étrangères, depuis un temps fort notable, si tout cela, dis-je, était pur et fortuit scandale ; mais si tout cela, ou si la majeure partie de cela est surtout diablerie, je veux dire machination plus ou moins compliquée et savante ?...

En dehors des indifférents, sur qui tout glisse, et des affairés, qui n'ont pas le temps de réfléchir, en dehors de cette masse, de soi inattentive, et distraite d'ailleurs par le rapide déroulement des tâches quotidiennes, laissant passer, sans s'arrêter à ce qu'elle leur trouve d'étrange, les événements, les histoires, les *affaires*, avec quoi successivement se produisent les vacarmes ; en dehors de ces deux catégories de personnes, il y a pas mal de gens, un peu en quête du pourquoi des choses, un peu soucieux de voir clair dans ce qui se passe, qui, dans les *affaires* en question, voient, presque aussi bien que l'élite, des choses point naturelles du tout, des choses n'arrivant point toutes seules, par la seule opération du hasard, mais sentant très fort l'artifice...

De l'artificiel, là-dedans, et du machinisme, il s'en trouve, c'est certain ; et précisément je viens le faire voir à ceux qui ne font que le soupçonner, à ceux aussi qui ne le soupçonnent même pas ; et je viens dénoncer, désigner clairement les machinistes, en dénonçant du même coup le but qu'ils poursuivent.

Pour que la démonstration soit bien complète, je vais d'abord énumérer tout cela, dans son ordre ou dans sa succession chronologique ; et je veux qu'à en découvrir seulement la longue théorie ou, pour parler moins élégamment, l'interminable kyrielle, eu égard à la période relativement courte dans laquelle tout cela s'est produit, les plus inconsistants de mes lecteurs, eux-mêmes, restent ébahis, après coup, et trouvent là du louche ; en même temps je montrerai comme cela se suit sans presque d'intermittence, avec quelle admirable ou implacable ponctualité cela se succède, s'emboîtant l'un dans l'autre, se superposant parfois, s'ajoutant l'un à l'autre, marchant presque toujours par deux, souvent par trois ou quatre ensemble : et je veux que ces remarques de surcroît accroissent notablement la suspicion étonnée de mon monde.

Puis, je reprendrai une à une, ou par groupes, pour y faire toucher du doigt le machinisme, non toutes les diableries, il y en a bien trop, mais les principales, notamment l'Affaire Dreyfus, avec un mot pour chacune des histoires secondaires qui en sont sorties ; et je veux que, par l'effet de cette démonstration, un très grand nombre de mes lecteurs, même durs à convaincre, en arrivent à penser décidément là-dessus comme je pense.

Je rechercherai, en outre, et je dirai *d'où vient l'argent*, d'où il a pu venir sans cesse, pour tant de diableries manifestement très coûteuses, je m'expliquerai sur le fameux *Syndicat*, présenté comme ayant financé tout spécialement pour l'Affaire Dreyfus ; et je veux que ce chapitre amène encore à mon sentiment beaucoup de monde.

Enfin, je dirai le but plus que probable, le but certain de toutes les diableries, je désignerai avec pleine clarté les fabricateurs de toute cette suite d'esclandres : et je veux que, cette fois, il n'y ait pas un de mes lecteurs qui ne partage ma conviction, pas un qui ne déclare, sans le moindre doute, tout cela machination et diablerie.

Je promets de finir par une petite conclusion, pratique avant tout, mais suffisamment sifflante et cinglante, contre les constructeurs de ces fantasmagories ou fumisteries énormes, deux fois malfaisantes et trois fois scélérates.

CHAPITRE PREMIER

Défilé chronologique des choses, comment elles s'emboîtent
(Histoire de quinze ans)

Je ne trouve, et l'on verra plus loin pourquoi, je ne trouve rien à relever antérieurement à 1884.

Mais dès 1884, tandis que l'on joue déjà du *précieux Tonkin* (1), et que l'on s'apprête à exploiter à tour de bras le glorieux amiral *Courbet et ses lettres*, la *Dynamite*, par une première apparition à Lyon, pose comme une pierre d'attente.

Avec le précieux Tonkin et Courbet, brandis furieusement et sans trêve, on remplit aux trois quarts l'année 1885, que des *Élections législatives* closent assez bruyamment, motivant une *première Crise ministérielle*, laquelle, au Ministère Ferry tout court, fait succéder le Ministère Ferry-Brisson.

En janvier 1886, une *deuxième Crise ministérielle* procure le parchemin de la Guerre au général Boulanger, lequel se fait d'abord la main en proposant la fameuse *Loi d'exil*, loi complaisante, à mon sens, plus que féroce, tandis qu'un coup de revolver effare les moineaux, je veux dire les joueurs, à la Bourse, et qu'aux premiers jours de mars la *Grève* entre en scène triomphalement, à Decazeville, par l'assassinat du Directeur de cette exploitation minière, le malheureux Watrin. Notez, en avril suivant, l'apparition de la *France Juive*, ce retentissant factum, œuf d'où est sorti l'*Antisémitisme*. Et d'autres grèves, cependant, éclatent à tous les points cardinaux de France, à Lyon, à Roubaix, à Epinac, à Cholet, à Bordeaux, à Canteleu, à Avesnes, à Fourmies, dans la Nièvre, partout agrémentées de désordres qui font penser et crier à la *Jacquerie*. En juin, procès des grévistes meurtriers de Decazeville. En

(1) *Précieux Tonkin* fut un mot de Jules Ferry, qui qualifia également *placement de bon père de famille* les dépenses nécessitées par la conquête de cette colonie.

juillet *Boulanger* va à la *célèbre Revue* sur le fameux *cheval noir*, et il en revient de même ; c'est le *Boulangisme* qui commence. Puis a lieu, en vertu de la loi dont j'ai parlé, l'*Exil* sensationnel, dont je n'ai pas voulu charger ma nomenclature, quoique les malins en aient joué aussi très suffisamment. Ensuite, pendant qu'on commence à jouer du Boulangisme lui-même, surgit l'*Affaire de Châteauvilain*, qui suffirait à bien finir 1886, mais qui est renforcée encore par une *Crise ministérielle*, la troisième, s'il vous plaît, en deux années.

C'est Châteauvilain qui défraye les trois ou quatre premiers mois de 1887, sans parler de l'incident de frontière Schnæbelé. En mai, *quatrième Crise ministérielle*. L'homme au cheval noir perd son portefeuille ; mais un journal réclame pour lui la Dictature ; on chante : *En revenant de la Revue*, ou bien : *C'est Boulanger, cet homme de granit ;* et nous voilà, décidément, en plein *Boulangisme*. C'est le moment où se déchaînent les sinistres financiers des *Métaux* et du *Comptoir d'escompte*, suivis d'assez près d'une nouvelle déconfiture, celle de la *Société de Dépôts et de Comptes courants*. Tout cela n'empêche point, en octobre, l'*Affaire Wilson* de se dresser tout à coup et de mettre le comble à la quiétude universelle, aussitôt corsée d'ailleurs d'une *Crise présidentielle* d'abord (démission de Grévy, élection de Sadi-Carnot à sa place), et tout naturellement ensuite d'une *Crise ministérielle*, cinquième du nom. Superbe fin d'année !

Naturellement, au début de 1888, on est tout à l'*Affaire Wilson*, qui vient le 10 février en Correctionnelle, aboutit devant cette juridiction, le 1er mars, à une condamnation pas trop anodine et, passant à la Cour d'appel le 27 du même mois, se clot par un acquittement qui justifiait peu tant de tapage. Entre temps, nous avions eu encore une *Crise ministérielle*, la *sixième*, nous donnant ce Ministère Floquet sous lequel, notez bien ceci, fut autorisée l'émission des fameuses obligations à lots de la Compagnie de Panama. — Et puis, mis en forte recrudescence par la révocation qui arrache le général à son corps d'armée, le *Boulangisme* déborde : élu député, dans l'Aisne d'abord, dans le Nord ensuite, le personnage fait le froid et le chaud pendant tout le deuxième semestre de la dite année, et monte au Capitole le 27 janvier 1889, par son élection à Paris.

Mais alors il touche à la Roche-Tarpéienne : le 3 avril suivant, en effet, il se sauve à Bruxelles ; et ce sera seulement une ombre ou un nom que la Haute-Cour, en août, platoniquement, condamnera à la détention perpétuelle dans une enceinte fortifiée. — On bâcle alors les *Elections générales* pour une nouvelle législature. Et puis, avec la permission des machinistes, pris au dépourvu, peut-être, on se plonge, non sans joie, dans les distractions de la grande Exposition dotée de la Tour Eiffel et des Fontaines lumineuses (1).

L'année 1890 débuta par l'idyllique aventure du conscrit de Corbeil extraordinaire, qui donnait de sa personne, avec une certaine crânerie intéressante, pour contre-balancer l'avortement lamentable de la campagne boulangiste. Avec cette petite berquinade et le terre à terre courant, on vécut ou l'on végéta un semestre. Les derniers six mois, on nous les fit passer avec une queue du Boulangisme, avec ses *Papiers secrets* et ses *Coulisses*, qui par parenthèse jettent sur la chose une jolie couleur de comédie. Boulanger n'avait pas encore imité en son trépas l'Edgard de Ravensood de *Lucie*. Année, au demeurant, relativement maigre ! Est-ce que les fabricateurs se lassaient ! est-ce qu'ils commençaient à manquer d'imaginative ?

Se lasser, eux ? que non pas ! Et leur imaginative était simplement en travail de quelque nouvelle création *di primo cartello*, qui va venir : patience !

En son début, 1891 nous donna l'*Impôt d'Accroissement*. Il se fit peu de bruit, avec cette machinette : il ne s'agissait que d'étrangler des prêtres, des religieux et des

---

(1) Je crois bien, pour le noter en passant, que les compères fabricateurs du Boulangisme auraient voulu empêcher cette grande Exposition de se faire, de se faire au moins sous le régime que les dits compères, quoique l'ayant fabriqué de leurs mains en 1875, appelaient dès lors, comme aujourd'hui, avec un beau dédain, la *République parlementaire*....... Et pour l'Exposition de 1900, c'est de même !...

religieuses ; les honnêtes gens contristés, et même révoltés, ça ne crie pas. Mais voilà qu'en avril se tient à Paris un *Congrès international des Mineurs*, suivi du plus corsé d'entre les 1*er Mai du Travail*, avec chômage général et manifestation monstre en faveur de la journée de huit heures : cette fois le bourgeois fait grise mine. Et puis c'est un nouveau déluge de grèves : à Paris, *grève des Omnibus*, des *Tramways*, de l'*Alimentation*, des *Chemins de fer;* commencement de grève à Carmaux ; autres grèves dans le Nord, notamment à *Fourmies*, celle-ci bien plus sanglante encore que celle de Decazeville, car sur ce point la troupe, provoquée, répond par une fusillade qui met sept morts et six blessés sur le carreau. Paris voit encore la fameuse agitation contre les *Bureaux de Placement*, fort analogue à une grève et toute une série de *désordres dans les églises*. Puis, en mai, commence l'*Affaire de la Mélinite*, étoile seulement de seconde grandeur. En septembre, quelques jours avant le suicide d'Edgard, la *Crise des Caisses d'Epargne*, déjà née, s'accentue tout à coup, et sème de terreurs financières toute la fin de l'année, remplie un peu de paille et de foin, peut-être, mais, on le voit, largement remplie.

Or 1892 l'emporte pourtant, et haut la main, sur 1891. J'y trouve d'abord une *Crise ministérielle* : saluez, c'est la septième. Puis les *Chevaliers de la Dynamite* commencent tout de bon leurs prouesses, et vont fournir une de leurs grandes périodes : la *Caserne Lobau*, une *Maison du Faubourg Saint-Germain*, l'*Hôtel de Sagan*, la *Maison d'encoignure rue de Clichy-rue de Berlin*, le *Restaurant Véry*, reçoivent coup sur coup la visite et les dragées plus ou moins destructives de quelqu'un de la bande. On réussit à pincer l'un de ces gas, Ravachol, un vétéran du crime, d'ailleurs, lequel, avec le compte nouveau, avait à régler un vieux compte : d'où deux procès criminels d'envergure, l'un à Paris, pour le simple dynamitard, l'autre à Montbrison pour l'assassin, et deux condamnations, dont la seconde capitale. Ce n'est pas assez : il y a, concurremment, un appoint de grèves, *grève à Carmaux*, *grève dans le Pas-de-Calais*. Et quand tout cela commence à s'assoupir, voici, dans un procès retentissant, l'*Antisémi-*

tisme qui fait son entrée en scène. Sans une minute de répit nous arrivons de la sorte à fin septembre. Alors est lancée, de la façon fulgurante et avec le fracas qu'on se rappelle, dans la presse et à la Chambre, l'*Affaire du Panama*, nouvelle machine de première grandeur, effaçant tout ce qu'on avait vu jusqu'à l'heure. Ce qui n'empêche pas la Dynamite de continuer son jeu, en novembre, d'écrabouiller encore une maison, rue des *Bons-Enfants*. Et voilà, s'il en fut, une année bondée.

Le même *Panama* remplit de son vacarme, avec ses deux procès de corruption et de concussion, les premiers six mois de 1893. Il s'y ajouta même tout de suite une nouvelle *Crise ministérielle*, la huitième. Et comme apparemment ce n'était pas assez, la *Crise des Caisses d'Epargne* sévissait plus que jamais, les retraits de dépôts se gonflaient. Vers juin, après qu'on eut bien joué des résultats des deux procès panamiques, bien joué aussi d'Arton aux jambes de cerf et de Cornélius Herz, l'impotent diabétique, il se fit, sur l'*Affaire*, une accalmie, troublée aussitôt, à Paris, par une *grève de cochers*, puis par des *Monômes d'étudiants*, où il y eut de la casse. Là-dessus, le 20 août, *Elections générales* législatives. Nouvelle trêve des confiseurs ensuite, pour la venue des Marins russes, qui avaient bien failli ne pas venir, en raison du scandale panamiste lui-même, en raison au moins d'une allégation osée, portée contre l'ambassadeur de Russie, au cours des Enquêtes ou instructions sur l'Affaire. Les Marins russes partis, la danse recommença par des *grèves* encore dans le Nord, par un nouveau *coup de dynamite*, celui-ci à la Chambre. Cette fois, on crut devoir opposer aux perturbateurs un nom, symbole d'énergie, et la *neuvième Crise ministérielle* donna le Ministère Casimir-Perier.

Mais le nom légendaire n'était point capable d'arrêter des perturbateurs d'espèce particulière. La *Dynamite* joua de plus belle aux premiers jours de 1894 : bombe le 17 janvier sur le paquebot *Equateur*, à Bordeaux ; le 12 février, bombe à *l'Hôtel Terminus*, à Paris ; bombe un peu plus tard à *la Madeleine*, meurtrière, celle-ci, pour son porteur maladroit ; bombes ensuite *rue Saint-Martin* et *rue Saint-*

Jacques ; jugement du *dynamitard Léauthier* ; découverte d'un *grrrand complot anarchiste*. Concurremment, *dixième Crise ministérielle*, qui nous donna pour ministres MM. Ch. Dupuy, Félix Faure, général Mercier : retenez ces noms-là ; il importe peu de transcrire la liste entière..... Pour clore le premier semestre, *assassinat du président Carnot*, *deuxième Crise présidentielle*, élection à la présidence de M. Casimir-Perier. Dans le second semestre je trouve encore : une *grève à Graissessac ;* le *grrrand procès de trente anarchistes ;* un nouveau morceau de l'*Affaire Turpin*, ou de la Mélinite, ressuscitée ; deux morts, que je mentionne pour mémoire, celle du Comte de Paris et celle du grand Alexandre III de Russie, la dernière mystérieuse autant que funeste ; enfin, le procès et la *condamnation*, le 22 décembre, du *fameux capitaine*, en faveur duquel, tout de suite, courent des rumeurs fort étranges.

Le 4 janvier suivant, parade de dégradation de Dreyfus. Le 14, même mois, *douzième Crise ministérielle*, compliquée aussitôt de la *troisième Crise présidentielle*, démission de M. Casimir-Perier, élection de Félix-Faure à la Présidence. Février est rempli par une tranche d'*Antisémitisme*, d'où peut-être, un peu plus tard, *deux petits attentats contre un immeuble de Rothschild*. En avril, *grève des Omnibus*, à Paris. En mai, l'on commence à jouer de *Madagascar*. En juin, c'est de *Kiel* que l'on joue, et il y a à ce propos tintamarre dans la rue. En août, *grève des Verriers de Carmaux*, où le ténor Jaurès, escorté de quelques barytons et basses-tailles, va exécuter plusieurs airs de bravoure, pour donner du cœur aux grévistes et les engager à se serrer le ventre. Et la chanson sur *Madagascar* continue ; et l'on a un épisode de l'*Affaire du Droit d'accroissement*. Puis *Krach des Mines d'or*, baisse outrageuse des *fonds ottomans*. Et puis, nouvelle *Crise ministérielle*, deuxième de l'année, treizième depuis 1884. Maintenant, un peu de l'*Affaire des Chemins de fer du Sud*, que je n'ai pas comptée à part, pour la raison qu'on devait la fondre, arbitrairement, avec celle du Panama. En décembre, enfin, vacarme assourdissant à propos de *Madagascar*.

Janvier 1896 s'ouvre par un *Manifeste* ronflant et frémissant *contre les méfaits de la République dite panamiste :* remarquez bien ce qualificatif. Février nous donne l'épilogue de Carmaux, ce qu'on appela, par jolie antiphrase, le *Procès Rességuier*. En mars, on joue déjà ferme des *Massacres d'Arménie*. En avril, encore une *Crise ministérielle*, la quatorzième, avénement du Ministère Méline, qui nous valut environ trois mois sans histoire. Mais en septembre, tout à coup, il commence à être question de *Dreyfus* et de son cas dans la presse. La visite de Nicolas II, effectuée au début d'octobre, contient les impatients du Dreyfusisme, qui d'ailleurs, voyant bien que l'heure n'est pas opportune chez nous encore pour lancer l'*Affaire*, vont en préparer les éléments à Bruxelles, par la publication d'un livre (1) destiné à venir faire ici les prosélytes qu'il sera utile d'avoir au bon moment. Et pendant ce temps-là, nos compères jouaient de nouvelles variations à propos des *Massacres d'Arménie*, que notre République ne s'inquiétait pas de châtier, après avoir été impuissante à les empêcher : querelle d'Allemand, s'il en fut, et de beau calibre.

Au commencement de 1897, surviennent les événements de Crète, donnant naissance au *conflit gréco-turc :* nos exploiteurs de faits quelconques se jettent là-dessus encore, naturellement, pour déblatérer tout leur soûl contre notre gouvernement, sous prétexte qu'il ne prend point fait et cause en faveur des Crétois et des Grecs. De cette chanson, il y aura jusqu'en octobre. Mais concurremment, dès le mois de mars, par l'extradition d'Arton le prétendu insaisissable, obtenue sans difficulté en Angleterre, voilà qu'on réveille l'*Affaire du Panama*, presque oubliée ; et aussitôt la Chambre de nommer une nouvelle Commission d'Enquête, comme si avec Arton le Panamisme pouvait sérieusement se rouvrir. Or il y avait l'Affaire des Chemins de fer du Sud de la France, histoire d'escroquerie très distincte du Panamisme, dans laquelle Arton avait eu aussi un rôle : par un joli tour de passe-passe, les deux affaires sont

---

(1) Le livre de M. Bernard Lazare.

induement fusionnées ; c'est le nom de *Panamisme* qu'on attribue à la mixture. Cela nous conduit à septembre. Puis, résolûment, fin octobre, on lance à toutes voiles l'*Affaire Dreyfus*, au moyen du factum Scheurer-Kestner, bientôt suivi de la lettre Mathieu Dreyfus que l'on sait. Si bien qu'en décembre, tandis qu'Arton gesticule ridiculement à la Police correctionnelle, pour y être condamné comme vulgaire escroc, non du tout comme corrupteur panamiste, le *Dreyfusisme* entre dans sa deuxième phase avec le *Procès Esterhazy*.

Je ne ferai que noter à la course tout ce qu'on a vu en 1898 : le *Procès Zola*, troisième phase de l'Affaire Dreyfus ; les *Elections législatives* pour le quatrième renouvellement de la Chambre depuis 1884 ; la *Crise ministérielle* inévitable, deuxième de l'année, quinzième de la période, d'où sort le plus étrangement du monde un Cabinet Brisson, représentant la minorité, non la majorité parlementaire ; dans ce Ministère un Ministre civil de la Guerre, opposé à la fameuse Révision, qui a la main assez malheureuse pour créer, lui, l'incident dont on s'est emparé à l'effet de passer outre à la *procédure revisionniste* et pour ouvrir la *quatrième phase du Dreyfusisme* ; presque aussitôt une *Crise ministérielle* de plus, troisième de 1898 et seizième depuis 1884, donnant un nouveau Cabinet sous lequel l'Affaire reverdit et tapage de plus belle, avec les fantasmagoriques agissements de la Chambre criminelle de la Cour suprême, encore qu'on en ait détaché l'*Incident Picquart*, devenu à son tour une Affaire distincte. Il ne faut pas oublier les *deux grèves*, que nous avons eues concurremment, surtout la prétendue *Grève du Bâtiment*, avec tout le remue-ménage dont elle a été le prétexte. Impossible d'omettre davantage l'*Aventure de Fachoda*, que nos jongleurs ont exploitée comme ils exploitèrent Kiel, la guerre gréco-turque, les Massacres d'Arménie, le précieux Tonkin, Courbet et ses lettres.

Faisons, enfin, le décompte des plus grosses choses survenues dans les neuf premiers mois de l'année en cours. Je trouve d'abord la loi dite de *Dessaisissement*, loi, je le montrerai, bien superflue ; puis la *nouvelle*

Enquête effectuée par la Cour de Cassation toutes Chambres réunies ; puis, conformément à l'extraordinaire rapport Ballot-Beaupré, l'*arrêt de Revision*, avec renvoi, pourtant, devant un nouveau Conseil de guerre ; concurremment, la *mort subite*, mystérieuse, de ce malheureux *Félix Faure*, trop russe de cœur évidemment, et peut-être plus assez malléable ; par suite, *quatrième crise présidentielle* ; à propos de l'élection du Président Loubet, *Equipée Déroulède*, plus ridicule qu'héroïque, aboutissant à l'acquittement que l'on sait, en Cour d'assises ; puis, *Equipée des Muscadins*, le jour du grand prix, à Longchamp. avec le coup de canne audacieux mettant à mal seulement l'illustre chapeau du chef de l'Etat ; puis encore nouvelle *Crise ministérielle*, la dix-septième de la période, due un peu au chahut ci-dessus, mais davantage au besoin de constituer le fameux Arlequin ministériel qualifié *Ministère de l'Acquittement* ; en attendant l'ouverture du nouveau procès Dreyfus, *publication* indécente, autant qu'illégale, punie d'amende pour la forme et continuée quand même, *de toutes les dépositions* entendues par cette étonnante Chambre criminelle qui, sortant de ses attributions et de son rôle, se serait, si on ne l'eût arrêtée, prononcée elle-même sur le fond de l'Affaire, et ce, s'il vous plaît, en acquittant celui que ses vrais juges ont à deux fois reconnu traître ; grâce au dessaisissement de la dite Chambre, *Procès de Rennes*, aux trente audiences, où heureusement et naturellement aucun compte n'a été tenu des deux enquêtes menées à la Cour suprême, indûment, je le répète, sur la question de fond, c'est-à-dire sur la question de la culpabilité ou de la non-culpabilité du condamné de 1894, ce qui montre combien inutiles, et par conséquent illégales, avaient été ces enquêtes ; *clôture du procès* par une seconde condamnation du traître, qui aurait dû clore aussi l'Affaire, mais qui ne l'a pas close…

Et ce n'est pas tout, pour le bilan de ces neuf mois : il faut mentionner encore cette bonne farce de six semaines qui s'appela indifféremment la *résistance* et le *siège du Fort-Chabrol* ; il faut mentionner encore les prouesses de la bande à Sébastien Faure, puis la *Grève du Creusot*, escortée de tout un bouquet de grèves régionales auxiliaires, et de la *Grève de Puteaux*, en attendant ses autres contrecoups. — J'allais oublier le *drame du Soudan*... Car je flaire une histoire montée ou fortement arrangée aussi, par les mêmes arrangeurs ou fabricateurs, dans cet événement, douloureux et lamentable, quel qu'il soit, mais si nébuleux encore, si invraisemblable même, tel qu'il est donné, sans preuves d'ailleurs réellement probantes, et au sujet duquel on a en vérité le devoir de réserver son jugement jusqu'à nouvel ordre !

Et voilà trois quarts d'année richement remplis, j'espère !

Vous pouvez voir, en somme, qu'à part deux ou trois malheureux petits répits, chacun de quelques semaines, que je me suis fait un point d'honneur de signaler, chemin faisant, le bon peuple de France, depuis 1884, n'a pas cessé une minute de vivre dans l'émoi de quelque chose, et même, presque toujours, de plusieurs choses à la fois !...

Car, depuis 1884 jusqu'à fin septembre 1899, pendant les quinze dernières années, le pays a vu défiler, comptons bien : 38 histoires petites ou grosses, presque entièrement fabriquées ou démesurément grossies, dont 6 énormes, subdivisées en plusieurs actes ou histoires distinctes ; 33 grandes grèves, je néglige les petites, les seules pourtant un peu spontanées ; 20 coups de dynamite ; 4 crises présidentielles ; 17 crises ministérielles ; 7 grands tapages organisés, sans nulle vergogne, à propos de guerres coloniales, de faits douloureux ou d'événements tout à fait extérieurs dans lesquels le Drapeau était engagé, puisque le Gouvernement avait dû y prendre et y avait pris attitude.

Et je vous jure qu'en mon relevé j'ai omis bon nombre de choses, rentrant dans la catégorie, assez caractéristiques et assez importantes pour être au besoin retenues.

En faisant l'addition, vous allez découvrir, avec stupeur, que ces quinze ans ont été émaillés de plus de 120 coups de chien (exactement 126), ce qui fait, par an, plus de 8, une belle moyenne, lorsque surtout les cinq ou six principaux ont respectivement duré assez pour se mettre presque bout à bout, et remplir à eux seuls la période, presque sans intervalle.

Du hasard seulement, du simple hasard, dans cette succession quasi ininterrompue d'esclandres, marchant quasi toujours par deux, trois ou quatre ?... Allons donc !...

Où, jamais, dans notre histoire, même en deçà de la grande Révolution, et sauf peut-être en cette Révolution aux journées savamment préparées, aux incidents notoirement machinés aussi, où donc, jamais, chez nous, cette période exceptée, et antérieurement à 1884, où jamais, encore, hors de chez nous, y eût-il pareil déroulement d'à-coups ahurissants et persécuteurs, capables d'hébéter les gens ou de les rendre enragés, et de les jeter les uns contre les autres, et de tout paralyser dans un pays, et de décrier au dernier point ce pays devant le monde, et de le montrer faible et méprisable à ses amis comme à ses ennemis ?...

Non, jamais ni nulle part, on n'a vu, on ne verra cela, parce que le hasard ne s'acharne point ainsi contre un pays quelconque. Rien que cette longue suite et cet enchaînement d'histoires et de scandales dénonce la présence, chez nous, et le travail occulte de gens qui sont plus que les auxiliaires du hasard, qui sont des fabricateurs effrontés, complétant le hasard, au besoin, en amplifiant ce qu'il produit, mais le suppléant aussi tout à fait, et créant à sa place, parce qu'ils savent bien que le seul hasard ne leur procurerait ni assez nombreux, ni assez cossus, les continuels boulivaris qu'il leur faut pour avoir chance d'atteindre le but qu'ils poursuivent.

Le nombre seul fait donc ici, comme je l'ai annoncé, preuve imposante.

A bientôt la démonstration formelle et décisive, par l'étude un peu ample de tout cela.

X. VINDEX.

Imp. J. Witschy, 51, rue de l'Université, Paris

www.ingramcontent.com/pod-product-compliance
Lightning Source LLC
Chambersburg PA
CBHW060928050426
42453CB00010B/1900